Para:

_____

Encuentra tu
Paz interior

Encuentra tu paz interior / Selección Liliana Jaramillo;
ilustraciones Esperanza Vallejo. -- Bogotá : Panamericana
Editorial, 2004.

    96 p. : il. ; 9 cm.-- (Canto a la vida)

    ISBN 978-958-30-1602-8

    1. Psicología individual - Citas, máximas, etc. I.
Jaramillo, Liliana, comp. II. Vallejo, Esperanza, 1951- ,
il. III. Serie.
155.2 cd 20 ed.
AHX8169

Encuentra tu
Paz interior

PANAMERICANA

EDITORIAL

Editor
Panamericana Editorial Ltda.

Dirección editorial
Conrado Zuluaga

Selección de textos
Liliana Jaramillo

Ilustraciones
Esperanza Vallejo

Diagramación
Claudia Margarita Vélez

Primera reimpresión, abril de 2007
Primera edición, septiembre de 2004
© Panamericana Editorial Ltda.
Calle 12 No. 34-20, Tels.: 3603077 - 2770100
Fax: (57 1) 2373805
Correo electrónico: panaedit@panamericanaeditorial.com
www.panamericanaeditorial.com
Bogotá D. C., Colombia

ISBN 978-958-30-1602-8

Impreso por Panamericana Formas e Impresos S. A.
Calle 65 No. 95-28, Tels.: 4302110 - 4300355, Fax: (57 1) 2763008
Bogotá D. C., Colombia
Quien sólo actúa como impresor.
Impreso en Colombia   Printed in Colombia

Atrapa al vigoroso
caballo de tu mente.

Dicho zen

Si pierde su riqueza,
no ha perdido nada;
si pierde su salud,
habrá perdido algo;
pero si pierde su paz interior,
lo habrá perdido todo.

Pensamiento oriental

Podemos correr más
que el viento y la tempestad,
pero no más que el demonio
de la prisa.

John Burroughs

8

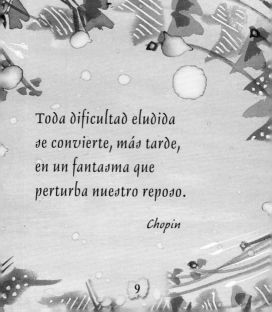

Toda dificultad eludida
se convierte, más tarde,
en un fantasma que
perturba nuestro reposo.

Chopin

9

Aquel que
sabe cómo jugar,
puede superar con
facilidad a
los adversarios
de la vida; aquel que
sabe cantar y reír,
nunca abriga malicia.

Proverbio indígena

10

No son necesarios edificios,
dinero, poder o prestigio
para practicar el arte
de la paz. El cielo está
exactamente allí donde
te hallas y ese es el lugar
para entrenarse.

Morihei Ueshiba

Un monje le preguntó
a Yue-Shan: "¿En qué piensa
uno mientras está sentado?"
"Uno piensa en no pensar",
respondió el maestro.
"¿Cómo se piensa en no pensar?",
preguntó el monje.
"Sin pensar", dijo el maestro.

Narración zen

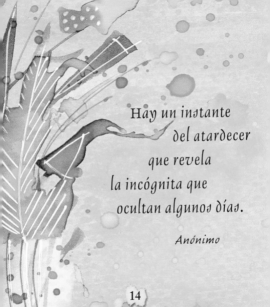

Hay un instante
del atardecer
que revela
la incógnita que
ocultan algunos días.

Anónimo

Dignidad,
conocimiento
y dominio de sí mismo
conducen a la cumbre
de la vida.

Tennyson

El corazón contento
es una fiesta perpetua.

Proverbio bíblico

Estar en paz consigo
mismo es el medio
más seguro
de comenzar
a estarlo con los demás.

Fray Luis de León

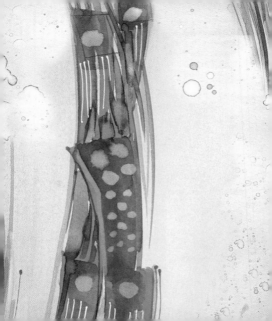

Ting preguntó: "Maestro,
¿cuál es el gran significado
de las enseñanzas del Buda?"
El maestro lo abofeteó y empujó.
Ting se quedó de pie aturdido.
Un monje que pasaba le dijo:
"Ting, ¿por qué no has hecho
la reverencia?" En ese momento,
Ting alcanzó la gran iluminación.

Narración zen

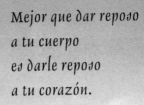

Mejor que dar reposo
a tu cuerpo
es darle reposo
a tu corazón.

Muñón

Las flores
se deshojan
aunque las amemos,
las malas hierbas
crecen aunque
las aborrezcamos.

Dogen

Examinar, competir y criticar
a otros te debilita y te derrota.

Morihei Ueshiba

Nunca contestes
a una palabra airada
con otra palabra airada.
La segunda provoca
la riña.

Confucio

23

Y serás invencible

si, armado de humildad

y de paciencia no aventuras

tu paz en la pendencia

ni compites profano

cosas en que el vencer

no está en tu mano.

Quevedo

La mente y el cuerpo
del guerrero deben estar
impregnados de profunda
calma y luminosa sabiduría.

Morihei Ueshiba

Es un alivio
llorar; las penas
se desahogan
y son arrastradas
por las lágrimas.

Ovidio

Para volar tan rápido
como el pensamiento
a donde quieras, debes
empezar por saber que
ya has llegado.

Richard Bach

Gobierna la mente,
en vez de ser gobernado
por ésta.

Dicho zen

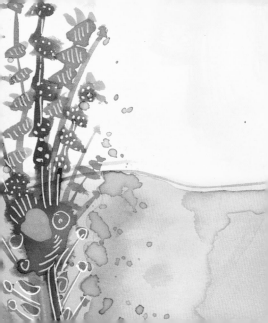

El hombre superior
se cultiva para ganar respeto
propio. Si no está contento,
se perfecciona para hacer
felices a otros. Y si aún
no está contento, continúa
perfeccionándose para conferirle
paz y prosperidad a todo el mundo.

Confucio

Vestiré despacio
cada día, abotonando
con mimo
los silencios.

Anónimo

En mar tranquila,
todos son buenos pilotos.

Publio siro

Allí donde el agua alcanza
su mayor profundidad,
se mantiene más en calma.

shakespeare

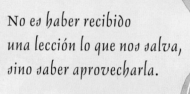

No es haber recibido
una lección lo que nos salva,
sino saber aprovecharla.

Miss Canning

Un hombre no trata
de verse en el agua que corre,
sino en el agua tranquila,
porque solamente lo que
en sí es tranquilo puede
dar tranquilidad a los otros.

Confucio

Las mismas
energías que vibran
en el universo se
manifiestan en nuestra
conciencia, una conciencia
que ni la misma muerte
puede arrancar del campo
de la realidad.

Rabindranath Tagore

Los pensamientos que elegimos
son los instrumentos
que empleamos para pintar
el lienzo de nuestra vida.

Louise L. Hay

El alma más fuerte
y mejor construida
no se enorgullece
ni se enerva
con los éxitos, ni
la abaten los reveses.

Plutarco

Mis
actividades
cotidianas no
son inusuales, simple y
naturalmente estoy en armonía
con ellas; sin tomar nada,
sin descartar nada.

Lego P'ang

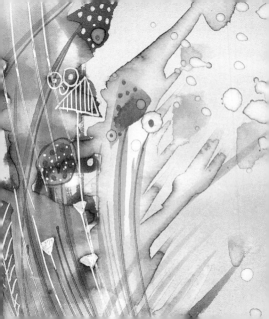

¡Qué descansada vida
la del que huye del mundanal
ruido y sigue la escondida
senda por donde han ido
los pocos sabios que
en el mundo han sido!

Fray Luis de León

Puede ser que,
sin haber sido invitada,
nos visite,
inesperadamente,
la calma.

Anónimo

El mantenimiento
de la paz comienza
con la autosatisfacción
de cada individuo.

Dalai Lama

El silencio es un amigo
que jamás traiciona.

Confucio

Del árbol del silencio
pende el fruto
de la seguridad.

Proverbio árabe

Cuando la acción
acompaña a la quietud,
y ésta se combina
con la acción, entonces
la dualidad de acción
y quietud no surge más.

Pei Chien

Lo fundamental
es que cuando mires
a tu alrededor
sencillamente sonrías.

José Félix sanz

Siempre aparece
una luz en el profundo
y desolado mar
de las perdidas emociones.

Anónimo

La vejez conduce
a una tranquilidad
indiferente que
asegura la paz interior
y exterior.

Anatole France

Si no tenemos paz dentro de nosotros, de nada sirve buscarla fuera.

F. de la Rouchefoucauld

La quietud de los hombres
pende de no envidiar nada,
que quien no ve mejor suerte,
ni la envidia ni la extraña;
y ningún hombre en el mundo
feliz o infeliz se llama si,
estando en cualquier fortuna,
con otro no se compara.

A. Moreto

Lo esencial es estar
en paz con uno mismo.

Voltaire

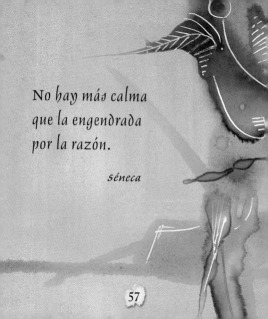

No hay más calma
que la engendrada
por la razón.

séneca

57

El primero de los bienes,
después de la salud,
es la paz interior.

F. de la Rochefoucauld

Si eres paciente
en un momento de ira,
escaparás a cien días
de tristeza.

Proverbio chino

Al caminar, simplemente
camina. Al sentarte,
simplemente siéntate;
sobre todo, no
te tambalees.

Yun-Men

Las grandes elevaciones
del alma no son posibles
sino en la soledad
y en el silencio.

Arturo Graf

Ahora empiezo a meditar
lo que he pensado,
y a verle el fondo y el alma,
y por eso ahora amo
más la soledad,
pero aún poco.

Miguel de Unamuno

63

La verdad es totalmente
interior. No hay que
buscarla fuera de nosotros
ni querer realizarla
luchando con violencia
con enemigos exteriores.

Mahatma Gandhi

64

Sólo el conocimiento
que llega desde adentro
es el verdadero
conocimiento.

sócrates

Cuando el amor
y el odio están ausentes
todo se vuelve claro
y sin disfraz. Sin embargo,
si haces la más pequeña
distinción, cielo y tierra
estarán infinitamente
separados.

seng-T'san

Confía en el tiempo,
es el más sabio
de todos los consejeros.

Plutarco

La lengua apacible
es árbol de vida.

Miguel Ángel Núñez

Tiene usted que ser capaz
de establecer un compromiso
personal pleno y no luchar
consigo mismo
ni con otros para poder
cumplirlo.

Harold MacMillan

El equilibrio es la base
de la buena salud.
Todo con moderación.

Benjamín Franklin

La tranquilidad
es felicidad cuando
es reposo, cuando
por fin la hallamos
después de haberla buscado;
pero equivale a infelicidad
cuando la tranquilidad
es nuestra sola ocupación.

Ludwing Börne

La respuesta suave
y humilde quebranta
la ira.

Proverbio bíblico

El hombre honrado
no teme ni la luz
ni las tinieblas.

Thomas Fukler

Vive dentro de ti,
porque te advierto
que jamás hallarás
lo que deseas
si le buscas fuera
de ti mismo.

Bartolomé de Argensola

Haz todos los días
lo que requieren la prudencia
y el deber.

Baudelaire

Sentado en quietud,
no haciendo nada,
llega la primavera,
y la hierba crece
por sí misma.

Dicho zen

Mira a la derecha
y a la izquierda
del tiempo y que
tu corazón aprenda
a estar tranquilo.

Federico García Lorca

El signo más cierto
de la sabiduría
es la serenidad
constante.

Montaigne

81

La concordia hace crecer
las pequeñas cosas,
la discordia arruina
las grandes.

Salustio

Después
de la tempestad
viene la calma.

Refrán popular

Herir a un oponente
es herirte a ti mismo.
El arte de la paz consiste
en controlar la agresión
sin producir daños.

Morihei Ueshiba

Quien es dueño
de sí mismo puede
ahogar una pena
tan fácilmente
como inventar
un placer.

Oscar Wilde

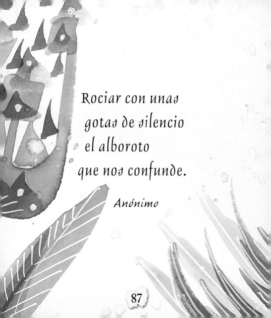

Rociar con unas
gotas de silencio
el alboroto
que nos confunde.

Anónimo

Cuando hables,
procura que
tus palabras
sean mejores
que el silencio.

Proverbio hindú

Del escuchar procede
la sabiduría, y del hablar,
el arrepentimiento.

Proverbio italiano

Comprende que el tiempo
está de tu lado y que alguien
haya inventado el reloj
no te obliga a apresurarte
en la vida.

Russell Means, anciano lakota

La reflexión
calmada y tranquila
desenreda todos
los nudos.

Harold MacMillan

Cuando estás engañado
y lleno de dudas, ni siquiera
mil libros son suficientes.
Cuando has alcanzado
la comprensión,
inclusive una palabra
es demasiado.

Fen-Yang

Actúa sin hacer;
trabaja sin esfuerzo.

Tao Te Ching

Cuando no puedes
hacer nada,
¿qué puedes hacer?

Dicho zen

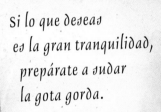

Si lo que deseas
es la gran tranquilidad,
prepárate a sudar
la gota gorda.

Hakuin